La Justice civile en Bourbonnais

En 1664

RAPPORT DE M. DE POMEREU

Intendant de la Province

PUBLIÉ AVEC UNE INTRODUCTION

PAR

Félix CHAMBON

Sous-Bibliothécaire à la Bibliothèque de l'Université de Paris.

MOULINS

H. DUROND, LIBRAIRE-ÉDITEUR

L. GRÉGOIRE, SUCCESSEUR

Rue François-Péron, 2

1899

XVI

CURIOSITÉS BOURBONNAISES

CURIOSITÉS BOURBONNAISES

....

La Justice civile en Bourbonnais

En 1664

....

RAPPORT DE M. DE POMEREU

Intendant de la Province

PUBLIÉ AVEC UNE INTRODUCTION

PAR

Félix CHAMBON

Sous-Bibliothécaire à la Bibliothèque de l'Université de Paris.

....

MOULINS

H. DUROND, LIBRAIRE-ÉDITEUR

L. GRÉGOIRE, SUCCESSEUR

Rue François-Péron, 2

—

1899

La Justice civile en Bourbonnais

En 1664

....

I L semble que, quelques mois avant les Grands Jours si célèbres de 1665, l'administration centrale ait décidé une enquête générale sur la situation politique, administrative, militaire, religieuse et financière des provinces du Centre, et c'est pour répondre à cette demande que fut fait un des rapports les plus intéressants concernant notre pays. Il aurait véritablement mérité d'être, — comme celui de d'Argouges — reproduit in-extenso, malgré son étendue, s'il n'avait été déjà l'objet d'une publication (1) qui, quelque médiocre (2) qu'elle soit, n'en a pas moins fait con-

....

(1) *Une Statistique nobiliaire du Bourbonnais dressée en 1664,* dans les *Annales Bourbonnaises,* III (1880), 312-25, 346-55, 366-78.

(2) La copie communiquée à l'érudit auteur de l'article — que l'on ne peut rendre responsable de ces fautes — est absolument déplorable. Elle est incomplète, a de nombreuses fautes de lecture, des suppressions, etc. Par exemple, pour le marquis d'Humières, gouverneur de Bourbonnais (*Ann. Bourb.*, loc. cit..

naître quelques pages intéressantes, et par cela même enlevé toute utilité à une réédition. Nous avons donc résolu de publier seulement ce qui concerne la Justice en Bourbonnais. Mais, auparavant, il nous paraît nécessaire de donner une description exacte du manuscrit.

C'est dans le manuscrit 280 (1) de la collection des V⁵ *(Cinq Cents)* de Colbert, conservée à la *Bibliothè-*

314', on chercherait en vain les notes suivantes, *qui se trouvent dans le ms* : « A esté maître de camp de cavallerie, gouverneur d'Ypres, et lieutenant général... Il est d'un esprit doux et affable. Il a signalé son courage dans la dernière guerre et est considéré de la noblesse sur laquelle il a crédit et pouvoir. Il est capable de servir le Roy dans des temps difficiles. Ladite terre et seigneurie de Chastel-Montagne en Bourbonnois vault huit mil livres de ferme... » à l'article consacré au comte de Saint-Géran (id. 315), le copiste a laissé de côté : « S. Géran a sa justice et de beaux droits et dixmes, et un parc des plus beaux de France dont l'enceinte est fort grande... Il est garçon de cœur qui a des amis... Il peut porter le nom et armes de La Guiche et posséder le bien par provision en vertu d'un dernier arrest du Parlement de Paris... »; de même on a passé sous silence (id. 319) la phrase épinglée au nom du *sieur* d'Apchon « se meslant de plusieurs arbitrages et accommodemens » ; des articles entiers ont été oubliés (id. 350, tels que celui de *Dreuille*, sieur d'Issardz, qui cependant, « a servi avec estime et est brave de sa personne », de *Gentil*, sieur d'Aglan, « homme qui a peu porté les armes ». *Chamallet*, sieur de Fouranges, « qui a du cœur mais peu de biens », etc, etc. Une lacune plus considérable (qui aurait sa place p. 367 de l'article cité) comprend les fl. 42 v° à 45 v du ms, et il ne s'agit rien moins dans ce passage omis que de la duchesse de Ventadour, du marquis de Rochechouart, de Jeannot de Bertillat, d'Albon, sieur de Chazeuil, etc.

(1) Et non vol. 177, comme il est dit par erreur dans les *Annales*, loc. cit., p. 312.

que nationale (1), que se trouve *en copie* (2) ce mémoire sur le Bourbonnais.

C'est un volume relié en maroquin plein, rouge, aux armes de Colbert. Il mesure 035 millimètres sur 024, et comprend 295 feuillets. La collation, faite le 14 juillet 1874, indique que les feuillets 26, 94, 100, 136, 160, 192, 212, 264, 291, 292 sont blancs. Le manuscrit est d'une belle écriture du XVIIᵉ siècle. En voici l'analyse :

Fol 1. — La généralité de Moulins, ce que c'est en général.

Fol. 3-13. — Etat de tout ce qui compose le gouvernement ecclésiastique en la province de Bourbonnais, qui dépend de l'archevêché de Bourges, des évêchés d'Autun, Clermont et Nevers.

Fol. 13 vᵒ-19. — Etat des abbayes et prieurés de la province de Bourbonnais, des Chappitres des églises collégiales, avec des remarques sur les patrons ou collateurs.

Fol. 19 vᵒ-26. — Maisons séculières et régulières de la province de Bourbonnais et ce suivant les villes qui composent ladite province.

Fol. 27-53. — Gouvernement militaire, ou la noblesse de la province de Bourbonnais. — PUBL.: *Annales Bourbonnaises*. Voir note 1, p. 7.

---

(1) Et non aux *Archives nationales*, id., p. 378.
(2) Je ne sais où se trouve l'*original*.

....

(1-2-3) Ceci sera le sujet d'une étude particulière.

Il nous semble inutile de faire ressortir l'intérêt de ce document, pour l'histoire de notre pays : il parle assez de lui-même, et il est bon que chacun le lise ; les réflexions viendront d'elles-mêmes, et si, à propos des Grands Jours d'Auvergne, l'on vient à s'étonner d'une chose, ce n'est pas que l'on ait poursuivi trop de personnes, mais plutôt que l'on n'en ait pas poursuivi assez.

PROCÈS-VERBAL dressé par nous, Auguste-Robert de Pomereu, conseiller du Roy en ses conseils, maître des requêtes ordinaire de son hostel, président en son grand conseil et commissaire déparly par S. M. pour l'exécution de ses ordres ès généralitez de Bourges et Moulins des abus et désordres qui se commettent en l'administration de la justice dans le siège de la sénéschaussée de Bourbonnois, et de l'examen par nous faict des pièces trouvées dans les greffes de lad. sénéchaussée.

L'an mil six cens soixante quatre, le cinquiesme jour de septembre, sur l'advis a nous donné qu'il se feisse et commet plusieurs abus et malversations en l'administration de la justice, tant par les officiers de la seneschaussée et siège présidial et chastellenie de Moulins, que par les procureurs et aultres officiers des sièges établis par lad. ville de Moulins, qu'il se faict plusieurs exactions et surtaxes soit aux espices des sentences d'ordre qu'ils rendent par lesquelles ils se taxent *non pro modo laboris*, mais sur le pied des prix des ventes et adjudications qui se font et ont esté faites dans leurs juridictions, à raison du denier vingt;

de plus que contre les réglemens tant du conseil que de la cour de Parlement, l'on fait des procès-verbaux de distribution pour raison desquels non seulement les juges et procureurs font un estat des frais extraordinaires dud. verbal ou les juges prennent pour eux des sommes excessives et taxent de mesure à tous les procureurs tant du poursuivant propriétaire que des opposans colloquez utillement en ordre pour leurs assistances, bien que par lesdits réglemens, pratique et usage, tant de la cour de Parlement, des Requétes de l'Hostel, du Pallais, que des aultres jurisdictions souveraines, on reigle par les sentences d'ordre les créanciers et les sommes qu'ils doivent toucher, et reçoivent les sommes liquidées par lad. sentence d'ordre sans qu'il se fasse un procès-verbal de distribution pour les sommes principales liquidées et ordonnées estre payées par lesd. sentences d'ordres, ains se faict seulement un procès-verbal de liquidation des interestz des sommes ordonnées estre payées par lesdites sentences d'ordre, ou des fruicts, grains et aultres choses semblables, lesquelles n'ont peu estre liquidées par icelles, au pied duquel verbal de liquidation le juge se doibt taxer à raison d'un escu par heure et à proportion, et les deux tiers de la taxe du juge à trois procureurs seulement qui sont les procureurs des poursuivans, propriétaires et ansien procureur de tous les opposans et non aultres, sans faire une déclaration des frais séparés du verbal de liquidation, ny faire taxe à aultres procureurs des opposans, lesquelles espices et excessives taxes faictes à tous les procureurs des opposans absorbent plus que du tiers du prix des ventes et adjudications ce qui cause que la plus grande partie des créanciers opposans perdent leurs créances, en quoy les subjets de S. M. souffrent beaucoup ; que, d'ailleurs, il se prend plusieurs droits dans la justice, entre aultres les quatre deniers pour livre du prix de touttes les adjudications attribuées au commissaires examinateur qui prononce et faict les adjudications, lequel, pour avoir lesd. quatre deniers, précipite et faict les adjudications des biens saisis, lesquels par ce moyen se donnent à vil prix, à la foüle et oppression des subjects du Roy, en ce que cette précipitation cause que les biens ne se vendent leur juste prix, et que les créanciers perdent leurs créances. Il se lève encores six deniers pour livre de touttes les sommes auxquelles reviennent toutes sortes de frais et despens qui se taxent, et les greffiers prennent le droit de controle et de scel de touttes sortes d'expéditions, bien que tels droictz ne se doibvent prendre que des expéditions faictes sur minuttes, et qui ont mandement, que les mesmes greffiers ne tiennent aucuns registres pour enregistrer les exploits de saisie et ordonnances de vente pour, sur lesd. registres, estre par les créanciers opposans mis leurs oppositions à fin de servitude et distraire jusques à l'ordonnance de vente jugée, après laquelle enregistrée nul opposant ne peult estre reçeu à former oppositions à distraire et servitude, ains les oppositions et hipothécques, et après l'adjudication faicte, le décret levé, scellé et enregistré dans le mesme registre, faucte de tenir lequel registre il se commet un abus préjudiciable aux subjects du Roy entre les procureurs, lesquels entre eux reçoivent en tout temps, mesme après le décret levé et scellé, touttes sortes d'oppositions par des reçeus de coppie d'oppositions qu'ils mectent entre eux en tel temps et datte qu'il leur plaist, sans qu'ils ayent formé leurs oppositions au greffe, et retiré l'acte d'opposition par le moyen duquel abus ils font colloques tels opposans non seulement pour le principal de leurs créances, mais encores pour les interestz du jour qu'il plaist auxd. procureurs; que les commissaires aux saisies réelles, contre l'édit de création de leur charge, ne se contentent pas de prendre et de percevoir leurs droits de l'année de leur exercice, mais encore ils les prennent lorsqu'ils ne sont pas en exercice, et, lorsqu'ils ont faict faire un bail judiciaire, ils ne prennent non seulement de bonnes cautions pour l'asseurance du prix, mais ils n'en font aucunes poursuiltes pour faire payer le prix des baux aux adjudicataires; et au lieu qu'ils ne peuvent prendre les droicts à eux attribués que du prix et sur le prix des baux qu'ils reçoivent, ilz se font payer de tous leurs fraiz et droits sur le prix de la vente du fonds, ce qui ne se doibt; que les receveurs des consignations prennent, contre les réglements et arrêts de la cour, quatorze deniers pour livre au lieu de douze deniers pour leur droict de consignation; que les procureurs

du Roy au lieu de régler leurs conclusions sur leur
travail, ils attendent que les juges ayent jugé les
procès et prennent les deux tiers des espèces, et mesme
que le substitut de M. le procureur général du
domaine prend conclusions et assistances en tous actes
et procès, bien qu'il ne doive prendre conclusions
qu'aux affaires et procès où le Roy est principale partie,
et lors que son droit est contesté seulement, et non aux
procès qui sont entre les codétempteurs et autres
parties où le droit du Roy n'est pas formellement
contesté. Pour remédier auxquels abus, exactions et
surtaxes et aultres désordres, et soulager les subjets
du Roy suivant le pouvoir à nous donné par lettres
patentes de S. M. du 28 avril dernier, sommes trans-
portés assisté de Jean Baptiste Henriau nostre secret-
taire au domicile de Jean Loyon, greffier des audiances
de la sénéchaussée et siège présidial de Moulins où
estant nous luy avons enjoint de nous représenter tous
les procès-verbaux de distributions qui ont esté faicts
du prix des adjudications et ventes faictes en la sénéchaussée de Bourbonnois depuis l'année 16.. jusques
à présent, comme aussy les déclarations de dépens et
frais extraordinaires de cryées et de distribution
taxez depuis lad. année jusques à présent, lequel Loyon
nous a déclaré qu'il n'est saisy d'aucunes déclarations
de dépens ny de fraiz extraordinaires de cryées et
de procès-verbaux de distributions, taxes, lesquelles
sont retenues par les procureurs qui n'en mettent
aucunes au greffe bien qu'ils le doibvent faire, et à

2

l'esgard des des procès-verbaux de distribution nous ont esté représentez en la quantité de soixante quinze, lesquels nous avons faict mettre en nostre greffe, en luy donnant sa descharge ; ce faict, nous nous sommes retirez, et avons ordonné à tous les procureurs de rapporter en nostre greffe touttes les déclarations de despens des fraiz extraordinaires de cryées, et les fraiz des procès-verbaux de distribution qu'ils ont fait taxer, et au greffier de la chambre de rapporter les sentences d'ordre, et au greffier des enquestes, les actes de tutelle, curatelle et closture d'inventaire, à quoy faire ils seront contrainctz par corps et saisie de leurs biens.

Et le douziesme jour de septembre 1664, partie desd. procureurs de lad. sénéchaussée et siège présidial et lesd. greffiers ayans rapporté en nostre greffe une partie des sentences d'ordre, procès-verbaux de distribution, déclaration de despens et fraiz extraordinaires de cryées, taxes, les actes de tuttelle, curatelle et inventaire, et les commissaires aux saisies réelles des comptes qu'ils ont rendus du prix des baux judiciaires au nombre contenu en nostre procès-verbal dressé de la représentation desd. papiers, lesquels ayant vus et examinés avons recongneu qu'il se commet plusieurs désordres et que l'on ne faict aucune instruction de procès ou de sentence d'ordre dans les formes et reigles ; que mesmes l'on a faict de grandes surtaxes tant aux espices, fraiz extraordinaires de cryées, et aux comptes, actes de tuttelle,

curatelle et closture d'inventaire, et que, dans les
instances de cryées, l'on n'a pas observé les reigle-
mens tant du conseil que de la cour de Parlement
de Paris.

En premier lieu, les greffiers ne tiennent aucuns
registres, comme ils sont obligez et qu'il est de
l'usage dans les cours souveraines pour enregistrer
sur iceluy les saisies après les vérifications faictes
des exploictz de saisies, afin que sur lesd. registres
tous opposans forment les oppositions... et cela pour
éviter les abus que les procureurs commectent en ce
qu'ils n'observent aucun ordre ny reigle pour former
leurs oppositions de leurs parties, lesquelles ils font
mettre en ordre sans qu'ilz rapportent aucun acte
d'opposition formée au greffe et font juger les inter-
restz de tel jour que bon leur semble soubz des receus
de coppie qu'ils mettent entre eux, qui est un abus
auquel il est nécessaire de remédier.

Par aultre abus formel, les procureurs n'instrui-
sent pas les ordres et les procès suivant les reigle-
mentz, stil et usage de la cour, en ce qu'ils ne
produisent pas au greffe leurs productions tant des
procès que des ordres... et les procureurs n'en
prennent communiquation pour fournir de contre-
dictes, ou n'obtiennent des forclusions faulte de
fournir de contreditz, ce qui cause que les juges ne
peuvent juger définitivement et qu'ils rendent plusieurs sentences interlocutoires et par ce moyen font
de grands frais aux subjects du Roy, et cela faulte

par les procureurs d'avoir instruit les desbatz d'oppositions avant les sentences d'ordre ainsy qu'il a
esté cy devant déclaré.

Avons aussy recogneu que les espices prises pour
les sentences d'ordres mises en nostre greffe que les
juges se sont taxés le 20e denier du prix des adjudications ainsy qu'il se vériffie :

En premier lieu par la sentence d'ordre rendu du
bien vendu sur *René de Massé*, escuier, sieur de
Loy, à la requête de Gilbert Robert, le prix de laquelle vente et adjudication est de 12,600 l.; les
juges ont pris pour les espices 240 écus quartz qui
reviennent avec le droit de reseveur à 862 l. qui est
plus que du 16e denier ; oultres lesquelles espices il
se void par le procès-verbal de distribution que l'on
a pris pour les aultres fraiz compris les droictz de
4 deniers pour livre et des receveurs de consignation
la somme de 3566 l., de laquelle somme Bridier,
procureur du poursuivant, a receu la somme de
2483 l. pour les fraiz, en telle sorte que tous lesd.
fraiz montent la somme de 4487 l. qui excedde de
beaucoup plus que le tiers du prix de l'adjudication.

Aultre sentence d'ordre, de la somme de 24,000 l.,
prix de la vente et adjudication faicte des héritages
saisis sur M. Toussaint Lomet (1). Epices : 400 écus
qui reviennent à 1408 l. Total des frais : 6929 l.

---

1) Il nous semble inutile de reproduire toujours les mêmes
formules : nous résumerons seulement ce qui est important.

Aultre sentence de 11,550 l., prix de la vente des héritages de M. Claude de la Geneste. Espices : 700 l. Total des frais : 3554 l. laquelle somme excedde de beaucoup le tiers du prix de lad. adjudication, au préjudice des opposans, légitimes créanciers, lesquels par le moyen desd. traiz excessifs absorbent près de la moitié du prix des ventes et adjudications, à quoy il est nécessaire de pourvoir, auxquelles espices il y a de l'exceds du moins des 2/3.-

Par les verbaux de distribution et par les traiz et despens mis en nostre greffe par les procureurs, lesquels ils détenoient pour empescher que l'on n'eust la congnoissance des excessives surtaxes qui se faisoient au préjudice des légitimes créanciers, nous avons recongneu que le lieutenant général et le lieutenant particulier pour les procès-verbaux de distribution se sont taxez jusques à 100 et six-vingts livres, et que, pour avoir taxé des despens pour lesquels ils ne pouvoient prendre que 15 deniers par article, ils ont pris jusques à 7 sols 6 deniers par chacun article, ce qui est tout à fait excessif...

... Par les frais taxez pour le procès-verbal de distribution, il paroist que led. lieutenant général s'est taxé 360 l. bien que led. verbal ne devait être taxé que quatre escus au lieu de 360 l., et partant il y a de surtaxe pour ce chef 348 livres.

Par les mesmes frais, [M. Gilbert Roy, lieutenant général...] a fait diverses taxes... en telle sorte que lesd. taxes reviennent à 1293 l. 9 s. au lieu qu'ils ne doibvent monter qu'à 168 l. 10 s.; surtaxe : 111 j livres (1)...

... Davantage par les actes de tuttelle, curatelle rapportez en nostre greffe nous avons recongneu d'excessives surtaxes et des abus que le lieutenant général avec le procureur du Roy ont faict et commis.

En premier lieu, encores bien que de tout temps, stil et usage, les parents des mineurs ayant fait nomination de tutteur et curateur par un seul acte, touttefois led. lieutenant général et procureur du Roy pour esmolumens en un mesme jour et au mesme instant de la nomination faicte par les parens ont faict faire 2 divers actes, sçavoir un de tutteur et un aultre de curateur, et pour chacun desquels actes ils se sont taxés et ont pris une aultre fois aultant, qui est 3 fois plus que les juge et procureur du Roy ont accoustumé de prendre, pour lesquelz actes de tuttelle et curatelle de mineurs le juge prenoit 2 escus et le substitut de M. le procureur général pareille somme, le greffier la moitié du juge pour sa minutte et comme ils ont nouvellement faict deux actes l'un de tuttelle et l'autre de curatelle, pour chacun desquels ils ont pris 4 escus, le substitut du procureur général pareille somme, qui est 8 escus pour lesd. deux actes, au lieu

---

(1) M. de Pomereu examine aussi les frais des affaires de vente Pierre de la Peyrotte, Etienne d'Osches, François Simonnet. Nicolas Bergier, Pierre Bliterie, François Baugy, etc., qui ne font que corroborer les renseignements ci-dessus, et nous paraissent sans grande importance.

qu'il n'en falloit qu'un seul et pour iceluy 2 escus, et le substitut du procureur ne debvoit prendre que les deux tiers, considéré la qualité des charges, et de plus qu'en d'aultres actes led. lieutenant général n'a poinct mis de receu pour oster la congnoissance de ce qu'il a pris, qui est une concussion.

De plus, nous avons recongneu que led. lieutenant général et substitut du procureur général en lad. séneschaussée prennent et exigent des sommes excessives pour les clostures d'inventaires qui n'est qu'un seul acte qui se faict en une demie-heure, ayant pris jusques à la somme de 200 l. pour une closture d'inventaire, et mesmes, en quelques clostures d'inventaires, le juge n'a poinct mis de receu de ce qu'il a pris pour en oster la congnoissance ce qui est une concussion, en quoy les subjects du Roy souffrent beaucoup et est nécessaire d'y pourvoir.

La première de telles concussions et surtaxes paroist en la closture de l'inventaire faicte par M. *Jean Roy*, lieutenant général, le 5 aoust 1660, de l'inventaire des meubles de deffunet *Jean Baptiste Brinon*, ou led. lieutenant général pour lad. closture qui se fist en moins de deux heures a pris 50 livres, le substitut du procureur général pareille somme, bien qu'il ne failloit pour led. acte, considéré le peu de tems qui s'y employe, audit lieutenant général plus de 2 ou 3 escus, ainsy que son autheur se taxoit et que l'on prenoit de tout temps, et au substitut du dit procureur les deux tiers.

En la closture faicte de l'inventaire des meubles délaissez par *Gilbert de Rollat*, sieur de Puiguillion, led. Me Jean Roy n'a poinct mis de receu de ce qu'il a pris, et le substitut du procureur a pris 50 l. dont il n'a mis un receu, pour laquelle closture il ne luy est deub que 6 l. au plus ; — en l'inventaire de deffunt *Alexandre de Capony*, le 12 février 1661, il a pris 60 l. au lieu de 3 escus, et le substitut du procureur pareille somme au lieu de 2 escus ; — en l'inventaire de *Pierre de Teneuille*, sieur de Courcin, le 26 mars 1661, le dit M. Jean Roy a pris 12 l. au lieu de 9 et le substitut 9 au lieu de 6 ; — en l'inventaire de *François Garnier*, tresorier de France, M. Charles du Buisson, lieutenant particulier, a pris 60 l. au lieu de 9 et le substitut pareille somme de lieu de 6 l. ; — de *Jacques de Dreuille*, sieur de Villebon, le 10 aout 1662, il a pris 30 l. au lieu de 9 ; — de *Jean de Fontis*, sieur du Bouchapt, le 23 janvier 1662, 40 l. au lieu de 9.

Le sieur du Buisson, le 6 avril 1662 a pris pour la closture de l'inventaire des meubles delaissez par led. *de Fontis* à Marie du Buisson 40 l. au lieu de 9, et led. substitut pareille somme au lieu de 6 l., en quoy paroist que pour les meubles d'une mesme personne l'on a faict deux inventaires.

Le 6 avril 1663, M. Gilbert Roy, lieut. g^al, a pris pour la closture de l'inventaire des meubles délaissés par *Jean de la Pure*, sieur d'Isertieux, 200 l. au lieu de 9 livres, et led. substitut sept vingts livres au lieu de 6 ; — pour l'inventaire faict le 11 mars 1663 des meubles délaissés par *Marguerite du Villardz*, il a pris 17 l. ; — pour *Gilbert Croiset*, sieur de la Chappelle, le 23 mars 1663, il a pris 12 escus au lieu de 3 (1)...

Par les comptes des commissaires nous avons recongneu semblablement plusieurs abus et surtaxes, en ce que le juge descharge en reprise le commissaire aux saisies réelles du prix des baux et ordonne que sur le prix de la vente du fonds, qu'il sera payé et luy alloue tous les droits attribuez ausd. commissaires...

Nous avons aussy remarqué bien que les comptes desd. commissaires soient ouys et examinez en une seule diette, néantmoins pour l'audition le juge se taxe des sommes excessives comme de 40, 50, 60, jusques à 80 l., bien qu'il ne doibve et puisse prendre sinon 2 ou 3 escus par chacune diette y demeurant 3 heures, qui est à raison d'un escu par heure.

Nous avons encores recongneu que les receveurs des consignations prennent 14 deniers par livre des deniers consignez, bien que par arrest de la cour les droicts des receveurs des consignations ayent été réglez et fixez a 12 deniers pour livre, qui est 2 deniers d'exaction, et S. M. soulagerait beaucoup ses subjectz si elle réduisoit led. droit de consignation à 6 deniers pour livre, qui est l'antien droict.

(1 Suivent des énonciations de faits semblables pour actes de tutelle ou curatelle de damoiselle *Blaise Chrestien. Isabelle de*

Nous avons aussy recongneü, bien que les charges
des consignations ne doibvent pas estre exercées par
des juges, magistratz et autres juges dans chacun
ressort à cause du difficile accès, ne pouvant les
créanciers qu'avec grande peyne les faire contraindre,
ce qui cause que de pauvres gens ne pouvant user de
contrainctes pour estre payés après avoir mangé une
partie des deniers qu'ils ont aux consignations en
voyages et fraiz ils sont contraincts de les aban-
donner, dont tels receveurs proffitent néantmoins.
M. Charles du Buisson, conseiller et avocat du Roy
en ladite sénéchaussée et siége présidial de Moulins,
fait la charge de receveur des consignations desd.
sièges où il est advocat du Roy et en tous les aultres,
ce qui faict que plusieurs ne pouvans user de contrainctes, ils luy ont abandonné leurs deniers dont il
y a eu des plaintes.

Lesd. receveurs des consignations doibvent donner
caution jusques à une certaine somme pour l'asseurance des deniers, ce que les receveurs de Moulins
n'ont pas faict.

Il y a encores deux aultres droitz plus à l'oppression et foule des subjectz de S. M., qui sont l'un des
4 deniers pour livre du prix de toutes les ventes et
adjudications qui se font par décret attribuez au commissaire examinateur, lequel droict de 4 deniers n'a

---

la Guérilhe, mineurs d'Iserlieux. François de Fragne, sieur de
Gléné, etc.

pas esté vérifié au Parlement ; il y a eu mesme
deffences de le lever.

Le premier désordre que font lesd. 4 deniers, est
que les juges à qui appartient led. droit, par avarice
ou aultrement crainte de les perdre, précipitent les
ventes et adjudications, ce qui cause qu'un pauvre
propriétaire n'a pas de temps pour pouvoir sortir
d'affaires.

Le second provient de ce que l'on précipite les ventes ;
et, estans précipitées, les biens des propriétaires se
donnent à vil prix et par ce moyen ils ne peuvent
sortir d'affaire ny payer leurs créanciers, lesquels ne
peuvent pas estre payez et par ce moyen perdent leurs
créances.

En troisième lieu, telles adjudications faictes si
promptement empeschent que les créanciers ne peuvent pas liciter les biens de leurs débiteurs pour éviter
les fraiz, conformément aux arrests de la Cour ; en
quoy paroist le désordre desd. 4 deniers qui se prennent par un acte ou jugement d'audiance pour lesquels
il n'est deub aucune chose aux juges, n'estant vérifié
au Parlement.

L'aultre droict qui se lève à l'oppression des subjectz de S. M. est les 6 deniers pour livre de toutes les
sommes auxquelles reviennent les despens. Pour lequel
droict l'on n'a pas financé 3.000 l. dans les coffres du
Roy pour la sénéchaussée, siège présidial et aultres
juridictions de Moulins, et il s'en retire plus de 3.000 l.
par chacun an, car l'on prend les 6 deniers pour livre

de tous les fraiz de distribution, mesme des espices.

Un aultre abus qui se commet par les juges est que, dans les fraiz de distribution, taxes de despens, comptes et aultres actes, les juges taxent des sommes excessives pour leurs clercs, lesquelles ils prennent ordinairement.

Aultre abus qui se commet dans la justice, qui va à la ruyne et foule des subjetz du Roy, tant en la séneschaussée, siège présidial, domaine, qu'aultres juridictions, est que les substituts du procureur général prennent des conclusions dans tous les procès, quoyque le Roy, le Public, ny les Mineurs n'y aient aucun interest, ce qui est à la foule et oppression des subjets du Roy. Deffences leur doibvent estres faites de prendre conclusions aux procès par escript, sinon où le Roy sera partie, où les Mineurs et le Public auront interest, ou que le droict du Roy sera contesté, sans qu'ils en puissent prendre aux procès qui sont entre les codétempteurs des debvoirs du Roy, ou des rapportz de quittances et tous aultres, où les debvoirs du Roy ne seront pas contestez.

Aultre abus qui se commet en la justice est que les créanciers au lieu de faire constituer prisonnier ou faire saisir les biens de leurs débiteurs leur font commander l'arrest personnel pardevant tels juges qu'il leur plaist, font juger diverses contumaces ; ce qui les consomme en fraiz ; — pour lesquels obvier, deffences doibvent estre faictes à tous créanciers de faire telles instances, ains par vertu de leur obligation faire exécuter leurs débiteurs en leurs personnes et biens.

Aultre abus qui fatigue et ruyne les subjectz du Roy est que les créanciers pour des sommes modiques font saisir par cryées et peremptoires les immeubles de leurs débiteurs, bien que les fruitz d'une année des immeubles qu'ils font saisir soient plus que suffisans pour les payer. S. M. soulageroit sesd. subjectz si elle faisoit deffenses de faire saisir par cryées les immeubles des débiteurs, lorsque les fruits d'iceux d'une année seront suffisans pour payer la créance, ou bien qu'elle n'excedast cent livres.

S. M. soulageroit aussy de beaucoup ses subjets si elle faisoit deffenses aux juges de prendre les espices qu'ils prennent, ou de les modérer, eu esgard au prix des adjudications par décret, ny à la qualité des affaires, ains suivant leur labeur et travail qu'ils y employeront ;

Que les juges ne pourront prendre pour leurs droictz de taxes de touttes sortes de dépens et fraiz ordinaires ou extraordinaires de cryées plus de 12 deniers parisis pour chacun article, et ne taxeront à leur clerc pour le calcul que 3 deniers pour article, aux procureurs 8 deniers parisis, qui est les deux tiers du juge suivant le stil et usage ;

Que dans les frais de cryées il ne sera taxé assistance, sinon aux procureurs des parties saisies, poursuivant, et au plus antien procureur des opposans colloquez utilement en ordre ;

Que les juges ne pourront se taxer et prendre pour chaque vacation qu'ils feront en leur maison, aux procès-verbaux qu'ils feront en exécution des sentences d'ordre pour liquider les choses adjugées qui n'auront esté liquidées comme grains, fruicts, interestz et aultre chose semblable plus haulte taxe que d'un escu par heure et semblable pour les diettes des redditions de comptes de tutelle, etc.;

Que les juges ne prendront pour les actes de tutelle, curatelle, lesquels se font conjointement par un mesme acte sans les pouvoir séparer, plus de 2 escus, le substitut du procureur général les deux tiers, et pour les interrogations plus de 2 sols pour chacun faict, et pour chacune closture d'inventaire 6 l. au juge, et 2 au substitut ;

Que deffenses seront faictes aux juges de destiner les amendes ailleurs qu'au proffict du Roy, du moins jusques à ce qu'il y ait fonds suffisans pour satisfaire aux fraiz de justice, réparations du pallais et pain des pauvres prisonniers ; que l'extrait des adjudications desd. amendes seront, par les greffiers, mis tous les 3 mois entre les mains du trésorier du domaine en charge, pour en faire les poursuites et recouvremens avec deffenses à tous aultres de s'y immiscer à peyne de nullité et de 500 l. d'amende ;

Qu'il sera enjoint au greffier de tenir un registre dans lequel il sera tenu d'enregistrer toutes les saisies, ensemble les oppositions des opposans, soit à distraire servitude ou rente foncière jusques à l'ordonnance de vente jugée, laquelle sera semblablement enregistrée, après laquelle le greffier ne pourra recevoir aucune opposition, à distraire servitude ou rente foncière, mais seulement les oppositions à hipotesque, soit de l'enregistrement desquelles oppositions le procureur sera tenu de justifie de sa créance, et faire escripre pour quelle somme il s'oppose et par vertu de quelle créance, laquelle sera datée ; -

Que pour éviter aux frais, nul créancier ne sera colloqué et mis en ordre qu'il n'ayt retiré son acte d'opposition pour en justiffier en l'ordre. L'adjudication faite, le poursuivant sera tenu de faire enregistrer dans le mesme registre où la saisie et ordonnance de vente a esté enregistrée le jour de l'adjudication, la somme à laquelle le bien aura este adjugé, après laquelle adjudication et enregistrement le greffier ne pourra recevoir aucune opposition ; pour lequel enregistrement de saisie il ne pourra prendre plus grande somme que 30 s. t., pour celuy de l'ordonnance de vente 20 s. et pour celuy de l'adjudication 10 s. au plus, et pour l'enregistrement des oppositions et dellivrance de l'acte signée du greffier 5 sols ;

Que les verbaux de distributions, interrogatoires et tous aultres actes de justice qui se font en l'hostel des juges, seront escriptz par les greffiers ou leurs commis et non pas les procureurs et aultres, à peyne de nullité suivant l'arrest de la cour de Parlement de Paris du 12 avril 1661. Les minuttes desquels comme aussy touttes taxes despens tant ordinaires qu'extraordi-

naires de cryées seront mis au greffe et les exécutoires
dellivrez par le greffier ;

Que de tous les comptes de tuttelle, curatelle qui
seront examinez en sera laissé une minutte au greffe,
et la grosse signée du greffier par collation, pour
laquelle grosse et signature il ne pourra prendre et
avoir plus que l'assistance d'un procureur, afin que
l'on puisse avoir recours aud. greffe pour avoir
expédition desd. comptes lors qu'il sera nécessaire ;

Que les greffiers ne pourront prendre ny exiger des
parties plus grande somme que leurs receus et taxes,
qui leur seront faictes pour leurs journées et vacations
oultre les expéditions ;

Qu'ils ne pourront datter les appoinctementz sinon
du jour qu'ils seront mis au greffe ;

Que tous les papiers des greffes seront mis en dépost lorsque les fermiers des greffes sortiront de
ferme, et dellivrez au greffier garde-papiers afin
que les parties ayent plus de facilité pour en retirer
des expéditions ;

Ne pourront les juges recevoir leurs espices et
esmolumentz que par les mains de leur greffier ;

Qu'il sera enjoinct à tous procureurs de produire
au greffe touttes productions, soit de procès, sentence
d'ordre et aultres afin que les parties ou leurs procureurs en puissent prendre communication pour les
contredire, et estant en estat de juger, estre par les
juges retirées et de s'en charger sur le dépost afin de

les juger, sans que lesdits juges puissent recevoir les productions par les mains des procureurs ;

Ne sera levé le droict de controlle et de scel à aultres actes que ceux qui gisent et doibvent estre mis à exécution.

Pour la conservation des papiers, les juges seront tenus d'appeller les greffiers ou leurs commis à toutes enquestes, des actes, inventaires, et aux commissions qui leur seront adressées, de quelle cour et juridiction qu'elles soient, et le greffier garder les minuttes pour y avoir recours quand besoin sera, et à toutes informations, interrogatoires, scellez et levée d'iceux, comptes, procès-verbaux de visitte, de distribution, de deniers, liquidation de fraiz, dommages et interestz, pour toutes lesquelles minuttes ne pourra prendre le greffier plus que de la moitié de la taxe du juge.

Oultre ce qui est contenu au présent procès-verbal, il est à observer qu'il y a encores une très grande quantité de procès-verbaux de distribution, de fraiz extraordinaires de cryées, taxes de despens, et aultres pièces, où il y a des surtaxes lesquelles n'ont poinct paru dans les greffes, la plus part desdittes pièces estans entre les mains des procureurs, par un très pernicieux usage, pour oster les lumières de tous les abus qui se sont commis dans l'administration de la Justice.

Il est cependant aisé d'inférer par les pièces rapportées dans le présent procès-verbal que le désordre est fort grand dans les taxes et fraiz des juges de la sénéchaussée de Bourbonnois.

Je ne crois pas que l'on doibve obmettre que dans les sentences d'ordre les officiers de la sénéchaussée ausquels le lieutenant en faict son rapport ont coustume de prendre pour leurs espices 50 l. pour chaque mil livres du prix de l'adjudication, en sorte que s'il se vend une terre de 20.000 l., c'est la somme de mil livres pour eux, et ainsy à proportion, ce qui se pratique sans aucun tiltre et par un très mauvais usage.

Lesd. officiers, aussy au Présidial, prennent de l'argent, et font taxe pour les competances ou incompetances qui sont à juger devant eux pour les procès prévostaux, au préjudice des arrestz de deffenses du grand Conseil.

Ce que l'on peult néantmoins dire des officiers de la seneschaussée et présidial de Moulins en général est, que de leur chef, ils ne sont pas fort en réputation de prendre trop d'espices ou de se faire des taxes excessives. Le désordre regarde entièrement les chefs, qui, dans la vérité, aussy, en abusent au dernier poinct.

Ils ont refformé quelques procédures vicieuses depuis que j'ay commencé à examiner les pièces des greffes, mais jamais la reigle n'y sera plainemen restablie que l'aucthorité de S. M. n'y soit intervenue.

Estat des officiers qui administrent la justice en la province de Bourbonnois, tant de la sénéchaussée et présidial de Moulins que des 17 chastellenies en dépendantes dans lequel on a observé le nom, les bonnes ou mauvaises qualitez et le bien de chacun desd. officiers.

MOULINS

La sénéchaussée et présidial de Moulins sont sans doubte le corps de justice le plus considérable de la province. Les officiers qui le composent sont :

André Roy, seigneur de Villardz et Certilly, plus antien président du présidial de Moulins, a en fonds de terre 5.000 l. de rente dans les parroisses de la Villeneuve et de Lucenat-sur-Allier, et encores d'aultres biens. Il est homme de bien et entend sa charge.

André Semin, sgr de Gravière et aultres terres ; second président, a en fonds de terre 4 à 5.000 l. de rente vers la ville de Varenne, et est fort riche par sa femme. C'est un homme violent, mais assez habile et bon juge.

Gilbert Roy, lieutenant g^{al} en la sénéchasséede Bourbonnois. N'a aucun fonds quant à présent, si ce n'est la terre des Bouchaines dont jouist son père, laquelle luy doit revenir après sa mort, qui vault 5 à 6.000 l. de rente. Il vient d'espouser la fille du sieur Covade, premier médecin de la Reyne de Pollogne. Il a de l'esprit et de l'habileté, mais il est fort intéressé et est accusé de commettre de grands excès dans ses taxes.

Gilbert Semin, sieur de S. Sornin, fils du second président, est lieutenant criminel en lad. sénéchaussée, a la moitié de la terre de S. Sornin qui vault 600 l. de rente. Il a espousé la fille du sieur Jacob, receveur gᵃˡ des finances. Il entend peu sa charge.

Charles du Buisson, sieur de Mont et Sallonne, lieutenant particulier, a 3.000 l. de rente en fonds de terre ; entre aultres, il a la terre de Salone proche S. Géran. Il est habile et entreprenant, mais passe pour estre homme de cabale dans le ministère de la justice. Son père est lieutenant particulier honoraire au mesme présidial et est riche.

Nicolas Berger, sieur de Chevrays, Thoury et aultres terres, assesseur èsd. sièges, paroist avoir 5 à 6.000 l. en fonds de terre, et mesmes beaucoup d'aultres biens ; mais on tient qu'il doit beaucoup. C'est un homme habile dans son mestier, mais fort fin et peu seür.

Abel d'Obeilh, sieur de la Grange, premier conseiller èsd. sièges, a 1.200 l. de rente en une terre appelée la Grange au faubourg de Moulins. Il a l'extérieur beau et sçait beaucoup de belles-lettres.

Jean de Lingendes, sieur de Chezelle et Boulleroi, conseiller, a 3.000 l. de rente en fonds de terre. Il passe pour estre fort riche et avoir plus de 10.000 l.

de rente. Il est fort intelligent et adroit. Il est aussy intéressé, et depuis peu il s'adonne à la piété.

Pierre La Mure, sieur du Percu, conseiller, a en fonds de terre 800 livres de rente. Il est habile et entend sa charge.

Remy Meaulme, sieur de Cossaye, conseiller, jouist de 1.000 l. de rente. Il est d'une médiocre capacité et n'est point considéré.

Jean Coiffier, sieur de Moret, et des Nonettes, conseiller, a de revenu dans la paroisse de Trevol plus de 5.000 l. de rente, estant au surplus un des plus riches de la province, et passant pour avoir 100.000 escus de bien. C'est un homme savant et de grande intégrité.

Gilbert Girault, sieur des Escherolles, conseiller, possède en fonds de terre 4 à 5.000 l. de rente dans la mesme paroisse des Escherolles. Il sçait très bien son mestier, mais il est violent et intéressé.

Pierre de May, sieur de Vilaines, cons^er, possède 5 ou 600 l. de rente. Il est pauvre et n'a n'y capacité ny considération.

François Morand, sieur de Montord, 1.500 l. de rente, à Charoux. C'est un homme de plaisir assez adroit, mais médiocrement habile et assez faisant pour l'amy.

Charles du Buisson, sieur de Mirebeau et du Breuil, cons^er et advocat du roi. 4 à 5000 l. de rente, paroisse de Trevol. Mais il passe avec son père pour n'estre pas acommodé, ayant mesme assez de peyne à aquiter les deniers des consignations dont il est receveur. C'est un homme habile, libertin et de cabale.

Charles Brirot, sieur de Dupont et du Croisset, 3500 l., paroisses de Trezel et Jaligny. Il est encores fort riche en aultres biens. C'est un homme fort rude et heteroclite *(sic)* et peu habile. Il est très mesestimé.

Jean Beraud, sieur de Parais et aultres terres, 8000 l. de rente, paroisse de Bessay. Il passe pour estre acommodé. Il est habile, mais infidelle et meschant juge.

Claude Roy, sieur de Montigny, possède près de 2000 l. de rente, paroisses de Monestay et Coulandon, et est riche. Il est homme de service, ayant de l'esprit et de l'intrigue beaucoup.

Jacques Bergier, sieur de Chevray, fils de l'assesseur, n'a aucun fonds de terre quant à présent. Il passe pour avoir de l'esprit.

François de Culant, sieur de Perassier, 2 ou 3000 l. de rente dans l'élection de Montluçon. Il est assez bon juge.

Claude Perrin, conseiller d'esglise, n'a aucun fonds de terre et est nouvellement reçu.

Gilbert Semin, sieur de Beauregard, est garçon qui ne possède quant à présent aucun fonds de terre, mais en espère beaucoup à l'advenir des successions qui le regardent. Ce n'est pas un garçon estimé.

Le sieur *de Vaurrille*, sieur de l'Estoille, 2500 l.

de rente, paroisse d'Iseure. Il est estimé dans sa compagnie, où il n'est receu que depuis peu.

Il y a une charge de conseiller de feu *Jean de Culan*, sieur de Laugère, qui n'est point remplie, son fils n'estant pas encore en asge de la posséder.

Il y a 2 avocats du Roy ausd. sièges, sçavoir pour le premier, le sieur du *Buisson de Mirebeau*, cy devant nommé au nombre des conseillers.

Et le second est le sieur d'*Obeilh*, fils du doyen des conseillers, qui n'a aucun fonds de terre quant à présent, et est au surpluss homme d'esprit et éloquent, mais soupçonné d'avoir faict de concussions dans une subdélégation de la chambre de justice.

Le procureur du Roy est le sieur *Aubery*, qui a avec son père quelques fonds de terres vers Bourbon; il faict mal sa charge et est homme d'un meschant extérieur et est peu estimé.

Jacques Febvrier, substitut du procureur du Roy en touttes ses jurisdictions, ne possède presque point de fonds de terres, mais est très riche et est habile.

Il y a deux receveurs des consignations. L'un s'appelle *Du Buisson*, sieur de Mirebeau, père dud. sieur de Mirebeau dont le bien est confondu avec celuy de son fils. Il est fort aagé.

L'autre est *Glaude Peraton*, qui faict valoir cette charge par son gendre nommé *Beraud*, et demeure à Paris.

Il y a un greffier en chef nommé *Febvrier* qui a affermé led. greffe à des commis.

Il y a encore un enquesteur appelé *Chauvin* qui a bien 800 l. de rente. Estant à observer que le lieutenant général a la charge de commissaire examinateur et que cette mesme charge est réunie à celles des lieutenans dans presque toutes les chastellenies.

Il y a aussy aud. siège grand nombre d'advocats, quarante procureurs, cinq maîtres clercs du greffe et cinq huissiers, vingt notaires, vingt-quatre sergens antiens et un nombre infiny d'aultres de nouvelle création.

Et ce sont là tous les officiers qui composent le siège présidial de Moulins et la sénéchaussée de Bourbonnois.

La première chástellenie royale est celle de Moulins (1)

Le sieur *Giraud,* sieur de Changy, en est chastelain. Il possede 3.000 l. de rente, paroisse de Bessay. Il est habile et homme de bien.

Le sieur *Bergier,* sieur de la Brosse, en est lieutenant et a 1500 l. de rente. Il est libertin et d'une médiocre probité et capacité.

Il y a deux conseillers en lad. chastellenie, sçavoir :

Butin, premier conseiller, 2 ou 3000 l. de rente. C'est un bon homme, peu habile.

Jeannet est le second conseiller et n'a aucun fonds de terre. Il est interressé.

(1. Les noms des villes et villages du ressort de cette chátellenie se trouvent fol. 87-88 du ms.

Dosches, avocat du Roy, a vendu sa charge au fils de *Brisson* marchand grossier, de laquelle il n'est encores pourveu.

Bourdin est procureur du Roy, qui n'a point de fonds de terre et ne passe pas pour être fort habile.

Le greffe de lad. chastellenie appartient à Madame de Guenegaud. Il y a 4 maîtres clercs et 3 huissiers.

Lad. chastellenie de Moulins a deux membres dépendans d'elle sçavoir : Bessay. Un nommé *Tixier* est lieutenant, et le procureur du Roy s'appelle *Tardé.*

L'aultre membre s'appelle Les Basses-Marches : *Reynaud* en est lieutenant, et *Picard* procureur du Roy.

Ces officiers ont peu de bien.

Châtellenie de Montluçon (1).

Le sieur *Des Champs,* sieur de Mirebeau en est lieutenant et a touttes les charges a luy seul. Il est riche et a en fonds de terre environ 2000 l. de rente. Il est d'une médiocre capacité.

Le sieur de *Comminge* est procureur du Roy ; il n'est pas des plus acommodez, et ne faict guières bien sa charge.

Châtellenie de Gannat (2).

Le sieur *De Vict (sic),* chastellain, aultrement

---

(1) Le ressort de cette châtellenie se trouve fol. 90 v°.

(2) Pour les villes en ressortissant, voir le ms. au fol. 80.

Pongibault, homme attaché au marquis d'Effiat, et fort riche ; mais embarrassé d'affaires.

Rabusson, lieutenant, est apliqué à sa charge et y réussit. Il a honnestement de bien.

Cournon, procureur du Roy, peult avoir 3 ou 400 l. de rente en fonds de terre. Il fait assez bien sa charge.

Châtellenie de Chantelle (1).

Le sieur *Boucher* en est lieutenant civil et criminel. Il a assez de bien, et n'est pas mal habile dans la fonction de sa charge.

Bougarel, assesseur et lieutenant particulier, a du bien et son revenu peult monter à 800 l. de rente. Il n'a pas réputation d'homme de bien.

Guillaumet, procureur du Roy, est assez habile et à 3 ou 400 l. de rente. La justice n'est pas fort aucthorisée dans cette chastellenie et ne s'y rend pas avec grande pureté.

Il y a un membre dépendant de lad. chastellenie appellé *Charoux* duquel le sieur *Bonnelat* est président et lieutenant, homme fort habile, intéressé et riche, 3000 l. de rente.

Collin en est procureur du Roy.

Châtellenie d'Ussel (2).

Le sieur *Secretain* en est lieutenant, et *Veytard*

---

(1) Voir fol. 89 v°.

(2) Six villages seulement en ressortissaient : Ussel, Etroussat, Fourilles, St-Ciprien, St-Germain-de-Salles, Percenat.

procureur du Roy. Sont gens assez obscurs. Le lieutenant est pauvre, mais le procureur du Roy est à son aise.

Châtellenie de Verneuil (1).

Le sieur *du Buisson* en est chastelain. Il partage les esmolumens avec le lieutenant. Il est à son aise, et a bien 7 ou 800 l. de rente en fonds de terre. Il est habile.

Laurent, lieutenant général. Il n'est pas si riche que le chastelain. Il peult avoir 4 ou 500 l. de revenu.

D'*Arret*, procureur du Roy, est habile et fort riche, et a répuation.

Châtellenie de Souvigny (2).

Le sieur *Perrot*, lieutenant. Il est assez accommodé, mais juge passionné et violent.

Aujohannet, procureur du Roy, peu riche.

Châtellenie de Bourbon (3).

Le sieur *Cellier*, chastelain de robe courte, est assez honneste homme. Il passe pour avoir 30,000 l. de bien, et est aussy lieutenant criminel.

Damour, lieutenant général civil, a du bien raison-

---

(1) Son ressort est indiqué dans le ms., au fol. 90.
(2) Ressort : Souvigny, Besson, Noyan, Coulandon (en partie).
(3) Voir le ressort au fol. 92 v°.

nablement. Il peult bien avoir près de 1000 l. de revenu à l'entour de Bourbon.

L'achelier, lieutenant particulier, est estimé riche de 40 ou 50,000 écus. Il a plusieurs fonds et est adroit, songeant à ses interestz.

Vizier, procureur du Roy, faisant assez bien sa charge et est encore fort riche.

Tous les officiers de la chastellenie de Bourbon se font assez valoir, sont riches, leurs maisons de Bourbon leur rapportant grand proffict à cause des eaües qui sont célèbres par tout le royaume.

Châtellenie d'Hérisson (1).

Le sieur *Demay* en est lieutenant et président ; *Le Mire*, conseiller ; *Boullaud*, procureur du Roy. Ces trois officiers ne sont pas fort riches ni considérables.

Châtellenie d'Aisnay (2).

Le sieur *Imbert* en est lieutenant, n'a aultres biens que sa charge. Il la faict assez bien. Il aura quelques fonds après la mort de sa mère.

Le sieur *Baugy*, procureur du Roy, est acommodé. Il a 4 domaines et peult bien avoir 1500 ou 2000 l. de rente.

Il y a encores un nommé *Manceau* qui a la charge de commissaire examinateur dans cette chastellenie.

(3) Les villages en ressortissant se trouvent indiqués au fol. 91.
4 Id. fol. 92.

Il a de l'esprit, mais ses affaires et ses debtes l'accablent.

Châtellenie de Murat (1).

Le sieur *Balle* en est lieutenant et a toutes les charges. C'est un homme violent et qui a des debtes et de méchantes affaires. Il a ˜3 domaines saisis en justice, dont il jouist par bail judiciaire.

Le sieur *Aufauvre*, procureur du Roy, est en bonne réputation. Il est acommodé et a quelques fonds de terre. Il donne sa charge à son filz et se retire.

Aumaistre, advocat du Roy, honneste homme.

Les officiers de cette châtellenie sont obligez d'aller rendre la justice dans quatre *(sic)* sièges royaux en dépendans ; sçavoir : Villefranche, Le Montet-aux-Moynes et Montmaraud.

Châtellenie de Vichy (2).

De Vict, lieutenant, aultrement Pongibault, dont a esté parlé dans la chastellenie de Gannat. — *Biaudet*, procureur du Roy, a quelque bien.

Châtellenie de Billy (3).

Le sieur *Double* en est président et lieutenant général civil. C'est un homme assez habile, mais inté

(1) Les villages en ressortissant se trouvent indiqués au fol. 90.
(2) Les villes ressortissant de Vichy sont indiquées fol. 89.
(?) Id. fol. 88 v°, ressort de Billy.

ressé. Il a bien 30,000 escus de bien ; on luy voit 4 ou 5 domaines. Le nombre de ses enfans est grand.

La Geneste, lieutenant criminel, est riche, en assez bonne réputation. Il a bien 800 ou 1000 l. de rente.

Desnos ou *Desnaux,* procureur du Roy. Il a encores son père et sa mère. Il entend assez son mestier.

La justice de la ville de Varenne est un membre de lad. chastellenie de Billy. *Burel* est le juge, et *La Geneste,* procureur du Roy.

Châtellenie de La Bruyère-l'Aubespin ou Cérilly (1).

Le sieur *Bequas* en est lieutenant, et exerce touttes les charges. Il a quelque bien qui peult monter à 20,000 l. oultre sa charge. Il est assez honneste homme.

Le procureur du Roy s'appelle aussi *Bequas* et passe pour avoir plus de 20.000 écus de bien. Il a plus de 8 domaines en fonds de terre et plusieurs cheptels de bestiaux.

Châtellenie de Chaveroche (2).

Le sieur *Chambel* en est chastelain et est fort riche ; le procureur du Roy ne l'est pas tant.

(1) Ressort : Cérilly, Isle.
(2) Voici les villages ressortissant à la châtellenie : Chaveroche, Trezel, Montcombroux, Lodde, Aude, Floré, Varenne-sur-Tesche, Barron, Sorbière, Lenas, St-Priest, Cindré, La Mothe-Vallière.

Il est à remarquer que M. de S. Géran prétend
que Chaveroche n'est point une chastellenie royale,
mais que c'est une terre qui luy appartient en propre,
aussy bien que Jaligny qui est joinct, et où il a le
sieur *Chaslier* pour bailly, et le sieur *Goyard* pour
procureur d'office.

Châtellenie de Belleperche (1),
*engagée au sieur de Baigneux-Saligry, gentilhomme,
et au sieur Roy, président à Moulins, par moictié.*

Les officiers sont le sieur *Prévost*, lieutenant, fils
d'un habitant de Moulins ; il est assez à son aise.
Desbrières est procureur du Roy et peu aisé.

Châtellenie de la Chaussière (2),
*fort petite, dont les officiers ne sont nullement
considérables.*

Le sieur *Aymond de la Loire*, lieutenant. Un nommé
Gilbert Mivault est procureur du Roy. Ils ont peu de
bien.

Il est à remarquer que les officiers marqués dans
chaque chastellenie cy dessus sont tous revestus de
plusieurs aultres charges créées dans lesd. chastellenies.

Il y a encores oultre ces 17 chastellenies royales

---

(1) Ressort : Villeneufve, Lucenay, Aurouër, Baigneux, Au-
bigny, Montilly, Chavanes, Dornes, Chantenay. Azay-le-Vif en
partie.

(2) 2 villages : Vieure, Louroux.

cy dessus marquées, plusieurs aultres justices vassales. On a prétendu que Germigny estoit une chastellenie royale. Mons. de Mauroy, conseiller d'Etat, soustient qu'elle lui appartient en propre, et qu'elle n'est pas même du domaine du Roy.

Les officiers en sont : *Rondet*, chastelain, et *Richard*, lieutenant, assez acommodez et intelligens.

Tous les aultres sièges et justices se réduisent à estre membres desd. chastellenies, ou bien elles y ressortissent toutes.

Oultre la justice ordinaire exercée en Bourbonnois, il y a encores dans la ville de Moulins une justice extraordinaire ou un siège séparé pour juger du domaine du Roy dans toutte l'estendue de lad. province, dans lequel au lieu des Trésoriers de France et conseillers dupresidial qui aultref ois y avoient entrée, il y a presentement des officiers particuliers.

Le lieutenant g^{al} est le sieur *Febvrier*, cy devant procureur au Parlement de Paris. Il est fort habile et très riche. Il n'a poinct de fonds de terre en Bourbonnois. Sa charge vault 80.000 l.

Il prétend que la charge de lieutenant particulier luy appartient aussy dans ce siege et en faire pourvoir qu'il luy plaira, ce qui luy est contesté par le sieur du *Buysson de Monts*, lieutenant particulier aud. presidial et séneschaussée, qui prétend estre lieutenant particulier en tous les sieges. Le sieur Febvrier a néanlmoins gagné son procès contre luy au Conseil.

Le sieur *Alarose* est procureur du Roy au domaine;
il est assez acommodé et a bien 2000 l. de rente en
fonds de terre. Il est d'une médiocre capacité.

Comme j'ai faict un procès-verbal des désordres
que j'ay recongneus dans l'administration de la justice, en la seneschaussée de Bourbonnois, je n'en
feray point icy une répétition.

On peult seulement observer que les officiers de la
sénéchaussée sont fort divisés, qu'il y a souvent des
cabales pour des affaires recommandées, sur tout
dans le criminel.

Il a des conseillers fort y autorisez dans leur bien à
la campagne.

Les sieurs du *Buisson*, lieutenans particuliers,
passent pour avoir bien acquis des terres pied à
pied par violence de leurs voisins et surtout des
paysans ; comme aussy les sieurs *Giraut* et *de Paray*.

Tous lesd. officiers ne payent leurs debtes qu'avec
peyne et les sergens n'ozent presque les assigner.

On ne peult pas dire en général qu'ils soient fort
intéressez et prennent trop d'espices et d'argents dans
les affaires, le désordre des surtaxes regardant parti-
culièrement les chefs.

Il est aussy à considérer qu'il se commet beaucoup
d'abus dans les greffes de touttes manières, où il
s'exige à la foule des parties. Il seroit nécessaire pour
les corriger qu'il pleust a S. M. oster bien des droictz,
comme de controlle, de parisis, de maistre clerc, etc.

On peult croire aussy aysément que dans touttes les chastellenies dont a esté faict mention cy dessus, il y a de pareils abus, la chicane estant grande en Bourbonnois.

✦

Grande Prévosté.

Guillebon, sieur de Manteaux, grand prevost. Il a 5.000 l. de rente, paroisse de Deux-Chaises ; est fort acablé de debtes et mal à son aise. C'est un homme fort peu apliqué à sa charge et fort adonné au vin.

Il y a 3 lieutenans en lad. grande prévosté. Sçavoir :

Rousseau, sieur du Boussat, 3.000 l. de rente, paroisse de Target. Il est adroit et hardy.

De Launay, sieur de Bost, qui a quelque fonds de terre, mais il est noyé de debtes. Sa charge est de nouvelle création.

Poivre, qui faict sa residence en la ville de Varenne. 800 l. de rente. Il est fort riche.

Il y a deux exempts, sçavoir *Renaudet* et *Planchard* ; deux assesseurs nommez, *La Care* et *Codonnier* ; un procureur du roy. Mais on ne void poinct qui est pourveu de cette charge. (Le sieur *Aubery*, cy devant nommé au nombre des officiers du présidial de Moulins, en faict la fonction sans provisions du Roi particulières). Deux controlleurs qui ne paroissent pas remplis ; deux commissaires nommez : *La Cave* et *Fouet* ; un receveur payeur, vacant par le deceds du feu sieur *Lomet* (un com...:: exerce) ; 4 greffiers, 24 archers.

Et ce sont là tous les officiers qui composent la grande prévosté générale de Bourbonnois.

Visseneschaussée.

Les officiers qui composent ce corps sont :

S. Mesmin, sieur des Réaux, visseneschal, qui a 1.500 l. de rente. Il a esté cy devant receveur des tailles à Montluçon. Il faict bien sa charge et est hardy.

Touraud, sieur des Salles, lieutenant, résidant à Moulins, 800 l. de rente dans S. Germain-de-Salles. Il faict fort pour l'amy.

Alamargot, sieur de La Dure, antien lieutenant, résidant à Montluçon, 1.500 l. de rente. Il est riche et fort adroit.

Il y avoit aultresfois un 3e lieutenant, résidant à S. Amand, qui estoit le sieur *Neret* qui est mort depuis peu, lequel fist ériger par le Roy lad. lieu-tenance à une charge de visseneschal dans lad ville de S. Amand. Cette charge n'est poinct levée depuis sa mort, et le visseneschal de Bourbonnois s'oppose au tiltre, prétendant que ce ne doit estre qu'un lieutenant dependant de luy.

Il y a dans cette visseneschaussée nouvelle de S. Amand des lieutenans, des assesseurs, et archers, lesquels sont tous à la charge du peuple et troublent fort la justice.

Il y a en la ville de Gannat un exempt nommé *Bougarel* qui faict fonction de lieutenant en lad. visseneschaussée de Bourbonnois. Il a peu de bien et d'intégrité.

Il y a une aultre charge de lieutenant levée par le nommé *de Vaux*, qui l'exerce avec une médiocre réputation.

Codonnier est assesseur capable et ayant peu de bien.

Le sieur *Aubery* cy devant nommé procureur du Roy au présidial est aussy procureur de S. M. en la visseneschaussée.

Thonnelier, sieur des Gatioux, est commissaire et à 400 l. de rente ; il est assez honneste homme.

Dumaignaud, est greffier en propre.

Il y a 19 archers à Moulins, 7 à Montluçon, 10 à S. Amand, qui font tous leurs monstres à Moulins. Il y a néantmoins difficulté pour les 10 archers demeurans à S. Amand, parceque le visseneschal dud. S. Amand les prétend de sa seule dépendance.

Il n'y a poinct de pourveu en la charge de receveur payeur de lad. compagnie.

Dans la ville et chastellenie de Gannat, il y a un lieutenant de robe courte, un exempt, un assesseur, un commissaire et un controlleur, un procureur du Roy, un greffier et 4 archers.

Les officiers sont :

Jean de Vic, sieur de Pontgibault, qui est aussy chastelain ; *Anthoine Berlin*, exempt ; *François Cournon*, procureur du Roy ; un commis au greffe appellé *Gilbert Perichon*, et 4 archers. Et à l'égard des offices de commissaire et controlleur, ils ne sont poinct remplis.

Dans la chastellenie de Vichy, le mesme *de Vic* exerce la charge de lieutenant de robe courte, *Gilbert Corre*, exempt, et 4 archers. Les charges d'assesseur, procureur du Roy et greffier ne sont remplies.

Il y a une prévosté générale qui s'estend en Nivernois, Donziès, et antien ressort du bailliage et siège présidial de S. Pierre-le-Moustier.

Il y a encores une visseneschaussée qui s'estend dans la province de la Marche et Combrailles.

Moulins, imprimerie Crépin-Leblond
avenue de la Gare, 14